LOS CHICOS GUAPOS SON TÓXICOS

EDITORIAL CÁNTICO
COLECCIÓN · DOBLE ORILLA, POESÍA
DIRIGIDA POR RAÚL ALONSO

cantico.es · @canticoed

© Megan Fox, 2023
© Editorial Almuzara S.L., 2024
Editorial Cántico
Parque Logístico de Córdoba
Carretera de Palma del Río, km. 4
14005 Córdoba
Edición en español bajo acuerdo con
Creative Artists Agency de Londres.
© Traducción: Victoria García Gómez, 2024
© Imagen de cubierta: Raúl Alonso,
nº4 de la serie *brothers* (2024),
intervenida por Daniel Vera, 2024

ISBN: 978-84-10288-01-0
Depósito legal: CO 649-2024

Impresión y encuadernación:
Imprenta Luque S.L.

MEGAN FOX

LOS CHICOS GUAPOS SON TÓXICOS

TRADUCCIÓN DE VICTORIA GARCÍA GÓMEZ

EDICIÓN BILINGÜE

EDITORIAL CÁNTICO

COLECCIÓN DOBLE ORILLA  POESÍA

Nacida el 16 de mayo de 1986 en Oak Ridge, Tennessee, Megan Denise Fox comenzó su andadura en el mundo del espectáculo como modelo a los 13 años, tras ganar premios en la Convención Americana de Modelaje en 1999. Sin embargo, su pasión por la actuación pronto la llevó a buscar oportunidades en cine y televisión. Fox debutó en el cine con un pequeño papel en *Holiday in the Sun* (2001), pero fue su participación en la serie *Hope & Faith* (2004-2006) lo que realmente le abrió las puertas de Hollywood. Su gran oportunidad llegó en 2007, cuando fue elegida para el papel de Mikaela Banes en el *blockbuster Transformers*, dirigida por Michael Bay. Este papel catapultó a Fox al estrellato, estableciéndola como un símbolo sexual y una estrella de cine a nivel mundial.

A pesar de su éxito temprano, Fox enfrentó desafíos, especialmente después de su salida de la saga *Transformers*. Sin embargo, demostró su resiliencia y versatilidad como actriz con roles en *Jennifer's Body* (2009), que se convirtió en una película de culto, y otras películas como *Jonah Hex* (2010) y *This is 40* (2012). Además de su carrera en cine, Fox ha sido imagen de marcas de moda y belleza, destacando su influencia en la cultura popular.

Más allá de su carrera, Megan Fox es conocida por su personalidad franca y sus intereses únicos, que van desde la mitología hasta la arqueología. Continúa siendo una figura relevante en el entretenimiento, adaptándose y evolucionando en una industria en constante cambio. Su legado como actriz y símbolo cultural está marcado por la perseverancia, la adaptabilidad y un innegable carisma en pantalla.

dear reader,

All of my healers tell me that my throat chakra is blocked.

In case you aren't familiar, the throat chakra is the energy center that is related to communication.

Usually when someone's throat chakra is closed it's because they are not able to identify their feelings and articulate them in a way that is aligned with their emotions and intentions.

I don't have this problem.

My problem is that I deeply identify my feelings and have multitudinous ways of articulating them, but I am not able to express them because when I do it has made the men who have loved me feel intimidated, inadequate, and insecure.

And so I have spent all of my life making myself small so that others can feel confident.

I have a savior/martyr complex.

I've always believed I am meant to be a sacrificial lamb, a ransom for the soul of whichever beautiful, broken, self-absorbed idiot is currently hunting me down and draining me of my life force.

I am at once jaded and naive.

A hopelessly romantic open wound of a human with a blisteringly sardonic sense of expression that I keep mostly repressed except for the rare red-carpet moments or interviews when these observations kamikaze themselves from my mouth because I can't bear the weight of the artifice anymore.

querido lector,

Todos mis terapeutas me dicen que tengo bloqueado el chacra de la garganta.

En caso de que no estés familiarizado con el chacra de la garganta, es el centro de energía que está relacionado con la comunicación.

Normalmente, cuando el chacra de la garganta de una persona se bloquea, es porque no puede identificar sus sentimientos ni de articularlos de alguna forma que se conecte con sus emociones e intenciones.

Yo no tengo este problema.

Mi problema es que identifico profundamente mis sentimientos y tengo una multitud de maneras de articularlos, pero no soy capaz de expresarlos porque cuando lo hago esto provoca que los hombres que me han amado se sientan intimidados, inadecuados e inseguros. Así que me he pasado toda mi vida haciéndome pequeña, para que otros se puedan sentir seguros.

Tengo un complejo de salvadora/mártir.

Siempre he creído que estoy destinada a ser el cordero para el sacrificio, un rescate para el alma del macho de turno, roto, egocéntrico e idiota, que está chupándome la energía.

Soy al mismo tiempo una persona agotada e ingenua.

Soy una romántica empedernida, una herida abierta con un sarcástico sentido del humor... que casi siempre reprimo,

But then one day it happened. One of said idiots finally broke me.

And from me poured these poems featuring previously unspoken feelings of...

isolation, torment, self-harm, desperation, longing, restlessness, rage, and general anguish.

These are the experiences of many of us that I now give voice to in these poems.

This book is for anyone who has given much more than they received, or for anyone who struggles to believe they deserve to be heard.

This book is also for me..

Because fuck. I deserve better.

love,
megan

excepto en los raros momentos de la alfombra roja o en las entrevistas, cuando los comentarios salen disparados de mi boca como kamikazes y no puedo tolerar más el fingimiento.

Y un día pasó. Uno de estos idiotas me destrozó.

Y de mí han brotado estos poemas que dicen todo lo que antes no podía expresar...

aislamiento, sufrimiento, autolesiones, desesperación, anhelos, inquietudes, rabia y en general preocupaciones.

Estas son las experiencias que hemos vividos muchos de nosotros y a las que ahora doy voz en estos poemas.

Este libro es para cualquiera que haya dado mucho más de lo que ha recibido o para cualquiera que le cueste creer que merece ser escuchado.

Este libro es también para mí.

Porque sí, joder. Merezco algo mejor.

con amor,
megan

PRETTY BOYS ARE POISONOUS

LOS CHICOS GUAPOS
SON TÓXICOS

i used to believe love was a poem
now i know love is a killing spree

• the indoctrination of a hopeless romantic

Solía creer que el amor era un poema
ahora sé que el amor es una matanza

• **el adiestramiento de una romántica empedernida**

Prettiest boy,
full of sadness and mischief.
your words are winsome and diaphanous
like the rain that momentarily collects on flower petals
my heart stretches eager to encapsulate your wounds
let me heal you.

violent boy,
full of rage and insecurities.
your hands are so beautiful and strong.
you use them to hurt me now.
delicate bruises splayed across my jaw
i wonder what you are thinking while i cry and beg you to stop

• **fucked-up fairy tales**

el chico más guapo
lleno de tristeza y maldad.
tus palabras son encantadoras y etéreas
como la lluvia que se acumula fugazmente en los pétalos de
    las flores
mi corazón se ensancha deseoso de cicatrizar tus heridas
déjame cuidarte.

chico violento,
lleno de rabia y de inseguridades.
tus manos son tan bellas y fuertes.
las usas ahora para hacerme daño.
delicados moratones repartidos en mi mandíbula
me pregunto en qué estás pensando mientras lloro y te
    suplico que pares

• **cuentos de hadas jodidos**

there he stands
tall, thin, twisted
like a tree you'd find in sleepy hollow
refusing to grow toward the light
instead he bends to the shadows

hide
hide
hide
the truth at any cost

let her beg
let her cry
let her wither

he's happy being sad
so it doesn't matter anyway

• **pretty boys are poisonous**

ahí está
alto, delgado, retorcido
como un árbol que encontrarías en sleepy hollow[1]
negándose a crecer hacia la luz
en lugar de eso se tuerce hacia las sombras

oculta
oculta
oculta
la verdad a toda costa

déjala suplicar
déjala llorar
déjala marchitar

él es feliz estando triste
así que en realidad no importa

• **los chicos guapos son tóxicos**

---

1 *La leyenda de Sleepy Hollow* es un cuento escrito por el autor estadounidense Washington Irving, publicado por primera vez en 1820 dentro de una colección de cuentos titulada *The Sketch Book of Geoffrey Crayon, Gent.* La historia narra el encuentro de Ichabod Crane con el legendario Jinete sin Cabeza, un espectro que busca su cabeza perdida y que se convierte en el antagonista principal de la historia.

When beautiful boys
turn into evil things
you will find that bibles and silver bullets will fail you
eventually
you will stop running
you will stop fighting
you will collapse into a pathetic little heap on the floor
and as the ashes from the hand-rolled cigarette
that dangles from his perfect cupid's bow lips
fall into your eyes
you will let him feast on your tears and your self-esteem
and when he walks away with your soul in his mouth
you will pray for death
but instead you will live forever as the monster he turned you into

• **lessons in hot-boy demonology**

Cuando los chicos guapos
se convierten en seres malvados
te darás cuenta de que las biblias y las balas de plata no sirven
eventualmente
pararás de correr
pararás de luchar
te derrumbarás en un patético montoncito en el suelo
y mientras las cenizas del cigarrillo de liar
que cuelga de sus perfectos labios en forma de corazón
caen en tus ojos
le dejarás darse un festín en tus lágrimas y en tu autoestima
y cuando se vaya con tu alma en su boca
rezarás para morirte
pero en lugar de eso vivirás para siempre como el monstruo en
    el que te ha convertido

• lecciones de demonología para chicos sexys

my protector
my abuser
my captor
my friend
my love
the creature that
seeks me
when he is thirsty
for tears

• **eros**

mi protector
mi abusador
mi captor
mi amigo
mi amor
la criatura que
me busca
cuando está sedienta
de lágrimas

• eros

You can beg
you can cry
you can plead
you can reason
you can bribe
you can seduce
you can fight
you can surrender
but you can never
outrun the wolves

• **rape**

puedes rogar
puedes llorar
puedes suplicar
puedes razonar
puedes sobornar
puedes seducir
puedes luchar
puedes rendirte
pero nunca puedes
correr más que los lobos

• **violación**

not even cronus could bend time
to alter our destiny
no
time stretched and swelled when i was alone
with you on these days
it was impossible to discern one minute
from the amorphous shores of eternity

but now
there are fingerprints along my neck
and bruises adorning my spine
however ephemeral they appear to you
for me they linger
in the space where the light used to be in my
eyes

all these tears i've cried for you . . .
oceans of grief

my chest aches
but i can never excise the hurt
because you are the hurt
fated like prometheus, chained to the rock,
i offer my heart to you every morning
and like the insatiable eagle you return
every day to gleefully consume it

ni siquiera cronos pudo someter al tiempo
para alterar nuestro destino
no
el tiempo se estrechaba y ensanchaba cuando estaba sola
contigo en uno de esos días
era imposible diferenciar un minuto
de las indefinidas orillas de la eternidad

pero ahora
hay marcas de dedos a lo largo de mi cuello
y hematomas que adornan mi médula
por efímeros que te parezcan
para mí permanecen
en el espacio donde la luz solía estar en mis
ojos

todas las lágrimas que he llorado por ti...
océanos de duelo

me duele el pecho
y nunca podré extirpar el dolor
porque tú eres el dolor
castigada como prometeo, encadenada a la roca,
te ofrezco mi corazón cada mañana
y como el águila insaciable vuelves
cada día para consumirlo alegremente

and then you fly away
leaving me bound and bleeding in agony
an imperishable suffering
to love something so much

• greek tragedies lose their poetry when you live them

y marcharte después
dejándome atada y sangrando en agonía
es un interminable sufrimiento
amar algo tanto

• las tragedias griegas pierden su poesía cuando las vives

if romeo and juliet had lived long enough maybe they too
   would have gotten to the point where romeo was so numb to
   her that he would rather read twitter in bed than fuck . . .

because there's always tomorrow for that
or maybe the next day . . . or the next . . .
i dunno he's just so busy now

i still imagine she kills herself in the end though
only he doesn't follow
he just signs up for raya instead

• **i would die for y— oh, j/k lol**

Si romeo y julieta hubieran vivido lo suficiente quizás ellos
también hubieran llegado al punto donde romeo pasaba
tanto de ella que preferiría leer twitter en la cama en vez
de follar...

porque siempre está mañana para eso
o tal vez el día siguiente... o el siguiente...
no sé es solo que ahora está muy ocupado

me sigo imaginando que al final ella se suicida
pero esta vez él no la sigue
en lugar de eso se crea una cuenta en raya[2]

- **moriría por t— oh, j/k[3] lol[4]**

---

2 Raya es una aplicación creada en el año 2015. En principio, era para tener
citas, con el tiempo ha pasado a ser un espacio para promoverse profesional-
mente y darse a conocer. Es utilizada por muchas *celebrities*.

3 «j/k», es una abreviación en inglés que significa *just kidding*, es decir, «solo
bromeaba» en español.

4 «lol», Es un acrónimo de *laughing out loud*, es decir, «me muero de la risa»
o «me río mucho» en español.

i lie in bed
praying for
the sleep that never comes
i can feel you reaching for me
through the night
across time zones
and continents
i'm trying to free myself
but your energy
grabs at me for dear life
holding tight to my light
desperate to illuminate your shadows
keep running
from yourself
avoid the mirror
use me instead
how many times have you watched me die
and still you don't realize
that you are the reaper

• 4:46 a.m

Me tumbo en la cama
rezando por
el sueño que no va a llegar
puedo sentir cómo me alcanzas
a través de la noche
cruzando zonas horarias
y continentes
trato de liberarme
pero tu energía
se abraza a mí para salvarte
aferrándote fuerte a mi luz
desesperado por iluminar tus sombras
sigue corriendo
de ti mismo
evita los espejos
úsame a mí en su lugar
cuántas veces me has visto morir
y sigues sin darte cuenta
de que tú eres la muerte

• 4:46 a.m

i didn't break your heart . . .
i only damaged it
says the boy as he merrily skips away into
the flashing lights and applause

his hands still
covered
in
blood

• **the avarice pursuit of money power and glory**

No te he roto el corazón...
solo lo he herido
dice el chico mientras se marcha alegremente hacia
los focos y los aplausos

sus manos todavía
cubiertas
de
sangre

• **la ambición de conseguir dinero, poder y gloria**

You keep telling me it was an accident
that you would never hurt me on purpose
that you're just too young to have known better

but what's the difference between
manslaughter and murder?

i'm still dead either way

• a 32-year-old narcissist quantifies his crimes

Sigues diciéndome que ha sido un accidente
que nunca has querido hacerme daño a propósito
que simplemente eres demasiado joven para hacerlo mejor

¿pero cuál es la diferencia entre
homicidio involuntario y asesinato?

si de todas formas estoy muerta

• **un narcisista de 32 años enumera sus crímenes**

and my heart never rests
because it does not trust
the hand that holds it

• **why i have insomnia**

Y mi corazón nunca descansa
porque no confía
en la mano que lo sostiene

• **por qué tengo insomnio**

true
love
twin
flame
trusted
friend
naive
girl
so many secrets hiding
behind your scorched-earth temper
and when you asked me
i said yes
but i didn't understand yet
why you always tasted
like ashes

• **to marry an arsonist**

Verdadero
amor
gemela
llama
confiado
amigo
ingenua
chica
tantos secretos escondidos
detrás de tu carácter de tierra quemada
y cuando me preguntaste
dije sí
pero no entendía aún
por qué siempre sabías
a cenizas

• **casarse con un pirómano**

but how will you ever know
if i'm smiling
when you can't see past
your own tears

• **manic-depressive peter pan**

Pero cómo vas a saber
si estoy sonriendo
cuando no eres capaz de ver más allá
de tus propias lágrimas

• **peter pan maniacodepresivo**

She runs because she knows
the truth that lies
beneath your good intentions

• **snow white and the complacent rock star**

ella huye porque sabe
la verdad que hay
detrás de tus buenas intenciones

• **blancanieves y la estrella de rock complaciente**

You are an addiction
that no amount of prayers
will ever cure
my cries for relief
floating
unheard into the ether
you are killing me
but my heart
won't give you up
this thread
through our past lives
tightly wound
around my neck
siphoning my breath
to fill your lungs
my hands are bleeding
from trying to free myself
you offer me a smile
content to steal my life
knowing at least this way
no one else
will ever have me

• a beautiful boy is a deadly drug

eres una adicción
que ninguna cantidad de oraciones
podrá curar jamás
mis gritos de dolor
flotando
sin ser escuchados en el éter
me estás matando
pero mi corazón
no te soltará
este hilo
atraviesa nuestras vidas pasadas
atado con fuerza
alrededor de mi cuello
succionando mi respiración
para llenar tus pulmones
mis manos están sangrando
por tratar de liberarme
tú me ofreces una sonrisa
contento de robarme la vida
sabiendo que al menos de esta manera
nadie más
me tendrá nunca

• **un chico guapo es una droga mortal**

irate, you protest loudly that you are a free spirit
but your spirit isn't free
it's an indentured servant to the entities that occupy you

you're imprisoned by all of the demons you've bartered with
renting space in your body to them in exchange for a life that
    doesn't even make you happy
why do you sacrifice me to feed the things that haunt you

• **the price of fame: one dead soulmate**

furioso, protestas a gritos que eres un espíritu libre
pero tu espíritu no es libre
es esclavo de los fantasmas que te poseen

estás preso por todos los demonios con los que has pactado
alquilándoles el espacio de tu cuerpo a cambio de una vida que
    ni siquiera te hace feliz
por qué me sacrificas para alimentar a las cosas que te atormentan

• el precio de la fama: un alma gemela muerta

mornings after you would hurt me
i would wake up and make your coffee
put on a sweatshirt so you wouldn't
have to look at the bruises you left

i wouldn't want you feeling guilty
because like you say—
this isn't your fault

your parents abandoned you
no one ever taught you not to . . .
it's just because you love me
so much
you don't know how to control
all the passion you feel

if anything i'm lucky
imagine all the girls who don't get hurt
for laughing at another boy's jokes
how ineffectual and undesirable
they must feel

at this point you will remind me that my
silence is in equal proportion to my love
and so under the watchful gaze of your
management

las mañanas después de que me hagas daño
me despertaré y te haré café
me pondré una sudadera para que no
tengas que mirar las marcas que hubieras dejado

no querría que te sintieras culpable
porque como dijiste—
esto no es tu culpa

tus padres te abandonaron
nadie te enseñó que no se hacía...
es solo porque me quieres
muchísimo
no sabes cómo controlar
toda la pasión que sientes

en cualquier caso tengo suerte
imagina a todas esas chicas que no les hacen daño
por reírse de las bromas de otro chico
cómo de inútiles e indeseables
deben sentirse

en ese momento me recordarías que mi
silencio es proporcional a mi amor por ti
y así bajo tu atenta mirada y tu
control

i dutifully set out on my hero's journey
to prove my loyalty by taking your secrets
to my grave

really i should be flattered
and i am

• **don't worry darling**

yo diligentemente emprenderé mi propio viaje del héroe
para probarte mi lealtad llevándome tus secretos
a la tumba

realmente debería sentirme alagada
y lo estoy

• **no te preocupes cariño**

You've used me
and left me so threadbare
that not even maleficent's spindle
could bring me rest

• **true love's kiss was a cancer not a cure**

me has usado
y me has dejado tan deshilachada
que ni la rueca de maléfica
podría darme descanso

• **el beso de amor verdadero fue un cáncer no una cura**

for three years
i've been in this infinite desert
every day on my knees
praying
for the sun to set
so i can finally
crawl out of your shadow

• 8 of swords reversed

durante tres años
he estado en este desierto infinito
todos los días de rodillas
rezando
para que el sol se ponga
y así pueda finalmente
arrastrarme fuera de tu sombra

• 8 de espadas invertido

i often wonder
how something so pretty
could be so iniquitous
but they say lucifer
was god's most beautiful creation
and the way your body
has had me speaking in tongues
i can confirm that is not an allegory
a paradoxical embodiment
of heaven's brightest light
and hell's most unimaginable wickedness

• an angel with a fully automatic

me pregunto con frecuencia
cómo algo tan bonito
puede ser tan impuro
pero dicen que lucifer
era la creación más hermosa de dios
y la manera en la que tu cuerpo
me ha hecho hablar en otras lenguas
puedo confirmar que no es una alegoría
una encarnación paradójica
de la luz más brillante del cielo
y de la perversión más inimaginable del infierno

• **un ángel con una automática**

if i had a nickel
for every time you showed up for me
i would have exactly zero nickels
but i know i've earned
a mansion in heaven
for all the times
i forgave you
for calling me
a stupid cunt

• **seventy times seven**

Si me dieran un níquel[5]
cada vez que haces algo por mí
tendría exactamente cero nickels
pero sé que me he ganado
una mansión en el cielo
por todas las veces
que te he perdonado
por llamarme
zorra estúpida

• **setenta veces siete**

---

5 La moneda de cinco centavos de dólar o "Jefferson nickel" (coloquialmente llamada "nickel") es una moneda circulante en los Estados Unidos.

Your love leaves
bloodstains
on my bedsheets

• it's giving patrick bateman

tu amor deja
manchas de sangre
en mis sábanas

• tiene un rollo a patrick bateman[6]

---

6 Patrick Bateman es un personaje de ficción, protagonista y villano de la novela *American Psycho* (Bret Easton Ellis, 1991) y posteriormente protagonista de la película con el mismo nombre (Mary Harron, 2000).

Shapeshifter
show me your face
look into my eyes
and lie
again
hide
from your past
hide
from your path
bury my light
beneath your deception
bury the truth
beneath my longing
tear the veil
and let me see
what can't be undone

• **the fall**

Cambiaformas
muéstrame tu cara
mírame a los ojos
y miente
de nuevo
escóndete
de tu pasado
entierra mi luz
bajo de tu mentira
entierra la verdad
bajo mi anhelo
rasga el velo
y déjame ver
lo que no se puede deshacer

• la caída

and to the girl who gave me her entire life for nothing in return
i leave my violence and my resentment

may she suffocate under the weight of all of my unhealed
   childhood trauma

• **the last will and testament of a selfish prick**

y para la chica que me dio toda su vida a cambio de nada
le dejo mi violencia y mi resentimiento

que se asfixie bajo el peso de todos mis traumas infantiles
   sin tratar

• **el último deseo y el testamento de un egoísta de mierda**

the circus that is your life
lawlessly spins around you
and each of us has a role to play
giving our most convincing performances
as wonder-struck plebeians
in awe of your talent and power
it has now become time for me to deliver my lines
i'm meant to reassure you of your unique and incomparable gifts
just like all the others who have gone before me today
but your tequila-drenched insults
have caused the compliments in my mouth
to turn to broken glass
and i am so tired of the taste
of my own blood
that i swallow my words
and fantasize about killing you instead
while you anxiously demand to know
why i'm smiling

• **coercive persuasion**

el circo que es tu vida
gira sin control a tu alrededor
y cada uno de nosotros tiene un papel que interpretar
dando nuestras actuaciones más convincentes
como plebeyos asombrados
por tu talento y poder
ha llegado la hora de que diga mis líneas
se supone que debo asegurarte de tus únicas e incomparables
    capacidades
justo como todos los otros que me han precedido hoy
pero tus insultos empapados en tequila
hacen que los halagos en mi boca
se conviertan en cristal roto
y estoy tan cansada del sabor
de mi propia sangre
que me trago las palabras
y fantaseo con matarte
mientras ansioso exiges saber
por qué sonrío

• **persuasión coercitiva**

you've been fighting me for three hours
like we're in a game of mortal kombat
i start daydreaming
of the look on your face
when i tell you
his dick was so much bigger than yours

• **fatality**

has estado luchando contra mí durante tres horas
como si estuviéramos en un juego de mortal kombat[7]
he empezado a fantasear
con la cara que pongas
cuando te diga
que su polla era más grande que la tuya

• **fatality**[8]

---

7 Saga de videojuegos de lucha cuerpo a cuerpo creada por Ed Boon y John Tobias en 1992.

8 En el contexto de Mortal Kombat, las *fatalities* son movimientos finales brutales y sangrientos que se han convertido en una de las características más icónicas de la serie. Representan la humillación y la derrota del enemigo.

i prefer the agonizing psychological abuse
of this trauma bond
to the prosaic tedium
of a regular life
just please don't actually kill me
because then it will be over
and i'm addicted to suffering

• **martyrdom vs. monotony**

Prefiero el agonizante abuso psicológico
de esta traumática relación
al vulgar tedio
de una vida normal
solo por favor no me mates de verdad
porque entonces todo habrá terminado
y soy adicta al sufrimiento

• **martirio vs. monotonía**

i go to bed
with an affable angelic boy
and i wake up next to
an irritable stubborn brat
what happened in those hours while you were sleeping?
to what tormented lifetimes do your dreams take you
where you become so lost to us
you stumble through our life
in an indignant haze
your ego wearing thin every so often as to reveal a pure and
    delicate connection
but moments later our love becomes misplaced in a lightning
    storm of alcohol and self-loathing
you'll never understand
how painful it is
to always have to wonder
who i'm giving my heart to today

• **the first rule of fight club**

me voy a la cama
con un chico afable y angelical
y me despierto junto a
un irritable y terco niñato
¿qué ha pasado en esas horas mientras dormías?
a qué tormentosas vidas te llevan los sueños
donde te quedas tan perdido para nosotros
te tambaleas por nuestra vida
en una bruma de indignación
con frecuencia tu ego a flor de piel como para revelar una
    pura y delicada conexión
para que momentos después nuestro amor se pierda en una
    tormenta eléctrica de alcohol y autodesprecio
nunca entenderás
cómo de doloroso es
tener que preguntarse siempre
a quién le estoy entregando mi corazón hoy

• **la primera regla del club de la lucha**

You are not real
you are only a projection of qualities
that you think others will find interesting

the morose poet
the reckless rock star
the orphaned lost boy

but really you are just a duplicitous snake
and your venom pulses through my veins
slowly killing me
all while you smile for the paparazzi in your couture suit

• **the devil wears dolce**

no eres real
eres solo una proyección de cualidades que
crees que los demás encuentran interesantes

el poeta moroso
la estrella de rock despreocupada
el chico huérfano perdido

pero realmente eres solo una serpiente mentirosa
y tu veneno late en mis venas
matándome lentamente
todo esto mientras sonríes para los paparazzi en tu traje de
    alta costura

• **el diablo viste de dolce**

i've learned to look at the floor when men speak to me
i've stopped trying to share charming anecdotes over dinner
because you always finish them for me
and i certainly don't dare laugh at anyone's jokes
not even your closest friends'
because we've all seen what happens
when a smile creeps across my lips
that you didn't put there
i put on my shortest dress and highest heels
so that you can show me off
while simultaneously keeping a possessive hand around the back
    of my neck
my will has atrophied in my chest
my feelings stick in my throat never forming
words
i forgot that i had a voice
long before you decided to become my ventriloquist
and somehow in spite of your genuine longing to be loved
you prefer it this way

• **the art of becoming an accessory**

he aprendido a mirar al suelo cuando los hombres me hablan
he dejado de intentar contar anécdotas fascinantes durante la
    cena
porque siempre las terminas por mí
y desde luego no me río con las bromas de otros
ni siquiera las de tus amigos más cercanos
porque todos hemos visto qué pasa
cuando una sonrisa aparece en mis labios
y no has sido tú quién la ha puesto
me he puesto mi vestido más corto y mis tacones más altos
para que puedas presumir de mí
al mismo tiempo que mantienes una mano posesiva detrás
de mi cuello
mi voluntad se ha atrofiado en mi pecho
mis sentimientos se atascan en mi garganta sin formar nunca
palabras
olvidé que tuve voz
mucho antes de que decidieras ser mi ventrílocuo
y que de alguna manera a pesar de tu genuino interés en ser
    amado
tú lo has preferido de esta manera

• **el arte de convertirte en un accesorio**

do you think my heart knew it was going to be an ineffectual
  sacrifice when it met you?

did it glibly agree to its torment and eventual murder?

did it volunteer to be the forlorn subject of this most grim of
  fairy tales?

does it beg his highness for mercy?

mercy!
mercy!
may his majesty have mercy!

starve.

cry.

bleed.

every petition for freedom met with an oblivious shit-eating-
  grin.

• **the emperor's new apathy**

¿Creías que mi corazón iba a ser un sacrificio inútil cuando te conocí?

¿aceptó de buen grado para su tormento y finalmente sacrificio?

¿fue voluntario para ser el personaje desahuciado de este tristísimo cuento de hadas?

¿le suplica piedad a su majestad?

¡piedad!
¡piedad!
¡que su majestad tenga piedad!

hambre.

llanto.

sangre.

todas las súplicas de libertad son recibidas con una sonrisilla de comemierdas

• **la nueva apatía del emperador**

i'm not a zealot
i didn't come here to die for your sins
you crucify me
then beg me to be your redeemer
hanging the weight of your salvation
around my neck
like a noose

• **leading a lamb to slaughter**

No soy un zelote[9]
no he venido aquí a morir por tus pecados
me has crucificado
y luego me suplicas que sea tu redentora
llevando el peso de tu salvación
alrededor de mi cuello
como una soga

• llevando un cordero al matadero

---

9 Un zelote era miembro de un movimiento político-religioso judío que surgió durante el siglo I d.C., caracterizado por su ferviente oposición al dominio romano en Judea y su celo apasionado por la ley de Dios (la Torá).

they say that when the wind blows
the spirits are talking
so i stood outside in a storm
today soaking wet and battered
i let them speak
they told me
that i believe you are my hero
whose integrity and kindness
are just temporarily shrouded
by the pain of your past
and that most certainly
it's my soul's purpose
to save you
so that we can finally
live happily ever after
but truthfully, the wind whispered,
you have been
my story's most insidious villain
and this is my final battle
my resurrection phase
it's time to defeat you
by rescuing myself

• **i am prince charming**

dicen que cuando el viento sopla
es porque los espíritus están hablando
así que me he quedado fuera en la tormenta de hoy
empapada y agitada
les he dejado hablar
me han dicho
que creo que tú eres mi héroe
cuya integridad y amabilidad
están temporalmente ocultas
por el dolor de tu pasado
y que ciertamente
la misión de mi alma
es salvarte
para que finalmente podamos
vivir felices para siempre
pero realmente, suspiró el viento,
tú has sido
el villano más malvado de mi historia
y esta es mi batalla final
mi fase de resurrección
ha llegado la hora de vencerte
rescatándome a mí misma

• yo soy el príncipe azul

they say that nothing lasts forever
and so i drag myself out of bed
and smile for my children
counting the hours
until i can dematerialize into
the murky realm of my unconscious
searching for even the most
fleeting moment of relief
from this devastating wildfire
inside my chest

• **one hour at a time**

dicen que nada dura para siempre
así que me arrastro fuera de la cama
y sonrío por mis hijos
contando las horas
hasta que pueda desmaterializarme en
el reino sombrío de mi inconsciente
buscando hasta el momento más
fugaz de alivio
de este devastador incendio forestal
dentro de mi pecho

• una hora cada vez

fire starter,
douse me in gasoline
step back
fix your hair
lace up
your combat boots
check to see who's watching
light the cigarette
ignite the flame
rehearse for your performance
as the grief stricken lover
check your dm's
as you watch me burn

• i am ashes

iniciador de incendios,
rocíame de gasolina
retrocede
arréglate el pelo
abróchate
tus botas de combate
comprueba quién está mirando
enciéndete el cigarrillo
prende la llama
ensaya tu actuación
como el amante lleno de dolor
revisa tus dm's [10]
mientras me miras arder

• **soy cenizas**

---

10 *Dm's*, es la abreviación de *Direct Message*, es decir, mensaje directo en español. Son los mensajes que se mandan en privado por redes sociales.

my soul is full of holes
from your acid-soaked love

• 3:33 a.m.

Mi alma está llena de agujeros
de tu amor empapado en ácido

• 3:33 a.m

Passion: from latin; to suffer

• **veritas**

Pasión: del latín; sufrir.

• **veritas**

maybe the apple
was actually a cock
and maybe eve wanted it
because adam
was too busy, self-absorbed, and distracted to fuck her?
maybe the original sin
was a man
taking a woman
for granted

• **i've always liked serpents**

tal vez la manzana
era en realidad una polla
y tal vez eva la quería
porque adán
¿estaba demasiado ocupado, absorbido en sí mismo, y
    distraído como para follársela?
puede que el pecado original
fuera un hombre
dando a una mujer por sentado

• **siempre me han gustado las serpientes**

in
defiance
you rush off
to battle in your
pink chariot trampling
over the altars i carefully
built to our love on your way
to waging a war with yourself

• **karmic pattern**

en
un desafío
vas corriendo
a la batalla en tu
carruaje rosa pisoteando
los altares que yo cuidadosamente
había construido para nuestro amor en
tu camino a librar una guerra contra ti mismo

• **el patrón del karma**

do you hear the sound
of my cries
echoing
through every lifetime
that you abandoned me
to chase an illusion
surely you hear
the deafening cacophony
of my event horizon tears
eternal loop
let me out
how many more lives
do i have to lay down for you
until i'm set free

• **lemniscate**

Oyes el sonido
de mis gritos
haciendo eco
a través de todas las líneas temporales
en las que me has abandonado
para perseguir una ilusión
seguro que has oído
la cacofonía ensordecedora
en el horizonte de sucesos[11] de mis lágrimas
bucle eterno
déjame salir
cuántas más vidas
tengo que entregar por ti
hasta ser liberada

• **lemniscata**

---

[11] El «horizonte de sucesos» en astrofísica se refiere al límite alrededor de un agujero negro más allá del cual ningún evento puede afectar a un observador externo. Dentro de este límite, la velocidad requerida para escapar de la gravedad del agujero negro supera la velocidad de la luz, haciendo imposible que cualquier señal o partícula escape hacia el exterior.

karma
is the shiver
that will run
down your spine
when you realize
that he's fucking me
to sleep every night
while all of the lies
that you told me
haunt you
in your dreams

• **all in circles**

el karma
es el escalofrío
que te recorrerá
por la columna
cuando te des cuenta
de que él me está follando
hasta quedarme dormida todas las noches
mientras todas las mentiras
que me has dicho
te persiguen
en tus sueños

• todo en círculos

i've humbled kings
alone
i've fought wars
against titans
still they foam at the mouth
attempting to silence me
because i am a mirror
that reminds them
of what they cannot have
you mistook me for a possession
when i was a nuclear weapon all along

• **you wanted marilyn monroe but you got joan of arc
  instead**

he humillado a reyes
sola
he luchado en guerras
contra titanes
todavía echan espuma por la boca
intentando silenciarme
porque soy un espejo
que les recuerda
lo que no pueden tener
me habéis confundido con una posesión
cuando siempre he sido un arma nuclear

• **querías a marilyn monroe, pero en su lugar tienes a juana de arco**

they say she dwells in the cities of the sea
they say she was a banshee
a demon hag
that she seduces innocent men
in their sleep
they say she eats babies
but really
she was just a woman
who refused to get on all fours
so an insecure man
could feel like a god

• the truth about lilith

dicen que ella habita en las ciudades del mar
dicen que era una banshee[12]
una bruja demoníaca
que seduce a hombres inocentes
mientras duermen
dicen que come bebés
pero en realidad
solo era una mujer
que se negó a ponerse a cuatro
para que un hombre inseguro
pudiera sentirse como un dios

• **la verdad sobre lilith**

---

12 Una *banshee* es un ser sobrenatural de la mitología irlandesa y celta que se cree que anuncia la muerte de un miembro de la familia mediante un llanto, grito, lamento o gemido. En la tradición irlandesa, se creía que las *banshees* advertían solo a las familias de ascendencia irlandesa pura. Se les describe comúnmente como mujeres que gritan o lloran y, según la mitología irlandesa, siempre anuncian la muerte.

like every woman
they refuse to listen to my words
instead
they criticize the shape of my mouth
as i speak them

• i didn't sign up to compete in your bullshit beauty pageant

Como con todas las mujeres
se niegan a escuchar mis palabras
en su lugar
critican la forma de mi boca
mientras les hablo

• **no me había apuntado para competir en tu concurso de belleza de mierda**

not all goddesses fly
some of us struggle on the ground
as the mortal men we gave our hearts to
keep their feet on our necks
but one day
we will remember our own names
and turn them all to ashes

• hell hath no fury

No todas las diosas vuelan
algunas forcejamos en el suelo
mientras los hombres mortales a los que les dimos nuestros
 corazones
ponen los pies en nuestros cuellos
pero un día
recordaremos nuestros nombres
y les convertiremos a todos en cenizas

• **el infierno no conoce la furia**[13]

---

13 Literalmente en inglés «*Hell hath no fury*». Viene de la expresión *hell hath no fury like a woman's horn*, en español «el infierno no conoce furia igual a la de una mujer humillada».

lies pour from your mouth
like rain falls in the amazon

• a slippery relationship with the truth

las mentiras se vierten de tu boca
como la lluvia cae en el amazonas

• **una relación resbaladiza con la verdad**

the further away from you i get
the more i realize
i was never small
it was just a matter
of forced perspective

• **your optical illusion**

mientras más me alejo de ti
más me doy cuenta
de que nunca he sido pequeña
era solo una cuestión
de perspectiva forzada

• tu ilusión óptica

he was born
with the umbilical cord
wrapped around his neck
he was raised
by schizophrenic wolves
baptized by fire
he speaks destruction
because chaos
was his first language
his forgiveness
isn't free
his love
leaves scars
generational curse
lost soul
he'll never change
because he made a home
in the sorrow
he built a castle
out of rage

• **the loneliest king**

él nació
con el cordón umbilical
atado a su cuello
fue criado
por lobos esquizofrénicos
bautizado por el fuego
él habla destrucción
porque el caos
fue su lengua materna
su perdón
no es gratuito
su amor
deja cicatrices
una maldición generacional
alma en pena
nunca cambiará
porque ha hecho un hogar
en el dolor
ha construido un castillo
desde la rabia

• el rey más solitario

You have beautiful lips
but the poison that seeps out of them
turns that baby face
into a death mask

• **you'd be so much more handsome if you'd get an exorcism**

tienes unos labios preciosos
pero el veneno que sale de ellos
convierte esa cara de crío
en una máscara de la muerte

• serías mucho más guapo si te hicieran un exorcismo

i wish your moods were
as easy to predict
as the weather
but there is no app
to help me navigate
the treacherous landscape
of your unhinged emotions

• **boys without mothers**

Me gustaría que tus cambios de humor fueran
tan fáciles de predecir
como el tiempo
pero no hay ninguna app
que me ayude a sortear
los paisajes traicioneros
de tus desquiciadas emociones

• **niños sin madres**

She was born in the wilderness
she has dirt on her hands
and stars in her hair
she howls at the moon
it knows her name
he pretended to be from the wilderness
but he was not made for forests
he was cold and dry
his eyes had lost their tears long ago
he was a different kind of beast
the kind that hides from the moon
he creeps in the shadows
so she doesn't see his fangs
he wasn't born this way
he was turned into this
by family curses and sexual abuse
but does the why even matter
once she's been devoured
bones and all?

• the werewolf attempts to apologize posthumously

ella nació en la naturaleza salvaje
tenía tierra en las manos
y estrellas en el pelo
aúlla a la luna
sabe su nombre
él pretende ser de la naturaleza salvaje
pero no está hecho para los bosques
era frío y seco
sus ojos habían perdido las lágrimas hacía tiempo
era una clase diferente de bestia
del tipo que se esconde de la luna
se mueve en las sombras
para que ella no vea los colmillos
no nació así
fue convertido en esto
por las maldiciones familiares y el abuso sexual
¿pero acaso importa el porqué
cuando sea devorada
hasta los huesos?

• el hombre lobo intenta disculparse póstumamente

i am realizing
that this fairy tale
will not have
a happily ever after
instead
it will end prematurely
with one of us
reading a eulogy

• funerals are for lovers

Me estoy dando cuenta
de que este cuento de hadas
no tendrá
un final feliz
en su lugar
terminará prematuramente
con uno de nosotros leyendo
un panegírico

• los funerales son para los amantes

i will always be in love
with the man
that you'll never become

• **unrealized potential**

Siempre estaré enamorada
del hombre
que nunca llegarás a ser

• **potencial frustrado**

i know that i'm too good for you
but i still crave
hades' touch
even though
it's harsh and unforgiving
i'd still choose
an eternal winter with you
over an evanescent spring
with someone else
i'm still willing to live
in the shadows
because somewhere
along the way i learned
that i don't deserve
to see the light

• **pomegranates for sale**

Sé que soy demasiado buena para ti
pero aun así anhelo
el tacto de hades
aunque sea
duro e imperdonable
seguiría eligiendo
un invierno eterno contigo
antes que una fugaz primavera
con alguien más
aún estoy dispuesta a vivir
en las sombras
porque en algún lugar
a lo largo del camino aprendí
que no merezco
ver la luz

• **granadas a la venta**

i'm tired of being a supporting actor
in everyone else's life
while being a featured extra in my own

• **the stepford wife**

estoy cansada de ser una actriz secundaria
en la vida de todos los demás
mientras soy una extra en la mía

• la mujer florero[14]

---

14 En el original «stepford wife», es una forma de referirse a las mujeres que
obedecen en todo a sus maridos, a las normas sociales, etc.

You're always waiting to be rescued
never willing to do the rescuing

• a 6-foot-4 damsel in distress

Siempre estás esperando a ser rescatado
nunca dispuesto a hacer el rescate

• **una damisela de 6 pies con 4 pulgadas en apuros**[15]

---

15 Aproximadamente sería 1 metro con 93 centímetros de alto.

i hate men
i hate men
i hate men
i hate men
i hate men
i hate men
i hate men

• 7, the number of completion

Odio a los hombres
odio a los hombres
odio a los hombres
odio a los hombres
odio a los hombres
odio a los hombres
odio a los hombres

• **7, el número de la perfección**

Why am i
still worshipping
at the altar
of your broken promises

• **false prophets**

Por qué estoy
aún adorando
el altar
de tus promesas rotas

• **falsos profetas**

i am learning
that it is better
to be a monster
than to be hunted by one

• i'm not sorry

estoy aprendiendo
que es mejor
ser un monstruo
que ser
perseguida por uno

• **no estoy arrepentida**

there was a time
when i had never
heard a man call
me
stupid
pathetic
bitch
cunt
slut
idiot
and there was also a time
when i had never
felt a man's hands
hit me
suffocate me
or throw me to the ground
but now
if one of these things
hasn't happened
by wednesday
i consider it a miracle

• i'm not sure that god agrees

hubo un tiempo
cuando nunca había
escuchado a un hombre llamarme
estúpida
patética
perra
puta
zorra
idiota
y hubo un tiempo también
cuando nunca había
sentido las manos de un hombre
pegándome
ahogándome
o tirándome al suelo
pero ahora
es una de esas cosas
que si no han pasado
cuando llega el miércoles
lo consideraré un milagro

• **no estoy segura de que dios esté de acuerdo**

i didn't realize how much of myself
i was giving away
or how much of me was disappearing
until i turned on a light
and couldn't even find my shadow

• but maybe if we use a black light we could still find all
  the stains you left on me

no me había dado fijado en cuánto de mí misma
estaba dejando atrás
o cuánto de mí estaba desapareciendo
hasta que no he encendido una luz
y no he podido encontrar mi sombra

• tal vez, si usamos luz ultravioleta podremos encontrar aún
  todas las manchas que has dejado en mí

i cut everyone out
of my life that you didn't like
my assistant
my friends
my own sister
i stopped doing the things that i loved
i stopped waking up with the sun
i stopped going on hikes
i stopped drawing
i stopped writing
i stopped working
i stopped dreaming of adventures
i stopped eating
i stopped laughing
i stopped cumming
i stopped sleeping
i wore more makeup
and less clothes
my nails got longer
my heels got higher
i lost myself
looking for your love

• an apparition in a miniskirt

he echado fuera a todas las personas
de mi vida que no te gustaban
mis asistentes
mis amigos
mi propia hermana
he dejado de hacer las cosas que me gustaban
he dejado de levantarme al salir el sol
he dejado de hacer senderismo
he dejado de dibujar
he dejado de trabajar
he dejado de soñar con aventuras
he dejado de comer
he dejado de reír
he dejado de correrme
he dejado de dormir
llevo más maquillaje
y menos ropa
mis uñas se han hecho más largas
mis tacones se han hecho más altos
me he perdido a mí misma
buscando tu amor

• una aparición en minifalda

it always starts with a cinematic monologue

your villain origin story

your eyes go black
and i know it's too late to run

you lock the door
my stomach turns

today my sin was that i followed your friend to the dinner table
instead of waiting for you to lead me

demon of wrath—what is my punishment?

you hold me down and perch on me like a demented bird
you spit on me and rub it across my face, smearing my makeup

"oh you're so pretty. everybody loves you. your life is so fucking easy,"
you say as you slip your fingers in my mouth and try to rip my face
    in two

you dig your knees into my thighs to pin me down
you choke me until there is a sickening crack

Siempre empieza con un monólogo de película
la historia de tu origen como villano

tus ojos se vuelven negros
y sé que es demasiado tarde para correr

cierras la puerta
me duele el estómago

hoy mi pecado ha sido que he seguido a tu amigo a la mesa
    para cenar
en vez de esperarte a ti para que me guiaras

demonio de la ira — ¿cuál es mi castigo?

me sujetas y te agarras a mí como un pájaro enloquecido
me escupes y me lo restriegas por la cara, corriéndome el
    maquillaje

«oh, eres tan guapa. todo el mundo te quiere. tu vida es tan
    jodidamente perfecta»,
dices mientras me metes el dedo en la boca y tratas de
    partirme la cara en dos

that echoes through the bedroom
but it doesn't wake you from your trance

you hit me
again
and again
i recognize the familiar taste of blood on my tongue

your hands are covered in my tears
mascara smudged along your knuckles

"it hurts, doesn't it?"
i say nothing
you get angrier

"you want me to kill myself, don't you?
you're tricking me so i'll kill myself"
delusional and possessed

i'm watching you like a movie now
the creature inside of you is dizzy with power
my tiny body must feel so fragile beneath you

hours pass and you are finally too tired to keep going

i am covered in scratches and bite marks
my eyes are red
my fingertips are white from trying to pry you off of me
my jaw aches
my soul aches more

me clavas las rodillas en los muslos para inmovilizarme
me asfixias hasta que se oye un chasquido desagradable
que resuena en toda la habitación
pero no hace que salgas del trance

me pegas
una
y otra vez
reconozco el sabor familiar de la sangre en mi lengua

tienes las manos llenas de mis lágrimas
rímel manchando tus nudillos

«te duele, ¿verdad?»
no digo nada
te enfadas más

«quieres que me suicide, ¿verdad?
me estás manipulando para que me suicide»
delirando y poseído

ahora te estoy viendo como una película
la criatura dentro de ti está nublada de poder
mi pequeño cuerpo debe sentirse tan frágil debajo del tuyo

pasan las horas y finalmente estás demasiado cansado para
    seguir

estoy cubierta de arañazos y marcas de mordiscos
mis ojos están rojos
mis dedos blancos de intentar apartarte de mí

you fall asleep on top of me so that i can't call my family or
the police

i don't fall asleep
i lie awake and beg god to let me die

• **oxycodone and tequila**

me duele la mandíbula
me duele más el alma

te quedas dormido encima de mí para que no pueda llamar
    a mi familia o a la policía

yo no duermo
me mantengo despierta y le pido a dios que me deje morir

• **oxicodona y tequila**

When they ask you
who was your greatest love
don't whisper my name
scream it
and when they ask you
what is your biggest regret
don't write it in a song
cut yourself open
and write it in blood

• **prove it, orpheus**

Cuando te pregunten
quién fue tu gran amor
no susurres mi nombre
grítalo
y cuando te pregunten
qué es de lo que más te arrepientes
no lo escribas en una canción
ábrete en canal
y escríbelo con sangre

• **demuéstralo, orfeo**

Why do you so easily
slip from my hands
into a raging sea
of insecurity and malice
i follow after you
doing my best
to pull you back to shore
but you are happy
to drown me
just so you can stay
on the surface
of your psychosis
one sadistic moment more

• an involuntary immersive experience

Por qué con tanta facilidad
te escapas de mis manos
hacia el mar embravecido
de inseguridades y malicias
voy detrás de ti
haciendo lo que puedo
por llevarte a la orilla
pero despreocupadamente
me ahogas
solo para poder estar
en la superficie
de tu psicosis
un sádico momento más

• **una experiencia inmersiva involuntaria**

my loyalty
lulled you into complacency
my trust
grew you into a monster
but there is no beast so fierce
as a girl
with a bullet in her head
and an arrow through her heart
you may have tried to kill
me but still i stand
and now my words
will be the blade
that cuts you down to size

• **you should have finished the job**

mi lealtad
te adormeció en la autocomplacencia
te convirtió en un monstruo
pero no hay bestia tan feroz
como una chica
con una bala en la cabeza
y una flecha en el corazón
puedes haber intentado matarme
pero sigo en pie
y ahora mis palabras
serán la cuchilla
que te ponga en tu sitio

• **deberías haber terminado el trabajo**

girls don't talk back
girls don't ask for more
girls don't want
girls don't need
girls don't take
they give
girls don't speak loud
they whisper
girls don't say no
girls don't tell a boy's secrets
when his sins
are ones that only
god can forgive

• **absolution**

las chicas no responden
las chicas no piden más
las chicas no quieren
las chicas no necesitan
las chicas no toman
dan
las chicas no hablan alto
susurran
las chicas no dicen no
las chicas no cuentan los secretos de un chico
cuando sus pecados
son solo los que
dios puede perdonar

• **absolución**

it hurts
to see how i've
betrayed myself
trying to save
the souls of men
who do not want
to be saved
it hurts to see
how my legacy
will only rest
in the space
between my legs

• **the book of mary magdalene**

duele
ver cómo me he
traicionado a mí misma
tratando de salvar
el alma de los hombres
que no quieren
ser salvados
duele ver
cómo mi legado
descansará solo
en el espacio
entre mis piernas

• **el libro de maría magdalena**

lick the wounds
you inflicted
while you were hunting me
forget the sound of the bullets
ignore the sting of the blade
promise me a different life
but give me more of the same
keep me prisoner
keep me prey
leave me for dead
when something nubile and naive
comes wondering
lost in your woods

• **the wolf**

lame las heridas
que has infringido
mientras estabas cazándome
olvida el sonido de las balas
ignora el dolor de la cuchilla
prométeme una vida diferente
pero dame más de lo mismo
mantenme prisionera
mantenme presa
dame por muerta
cuando algo joven e inocente
llegue preguntando
perdido en tu bosque

• **el lobo**

it doesn't matter how beautiful, loyal, nurturing, sexy,
    witty, charming, smart, or altruistic you are.
he will still take you for granted

• **why i wish i was gay**

No importa cómo de bella, leal, cariñosa, sexy, ingeniosa,
    encantadora, inteligente, o altruista seas.
él seguirá dándote por sentado

• **por qué desearía ser gay**

Our therapist asks us
to close our eyes
imagine ourselves old
and at the end of our lives
he asks
is this, your beloved, the person who's
holding your hand as you die?
eagerly you say yes
yes it's me that's holding your hand
it's sunset and i'm there
smiling
weeping
as i release you
after our very long joyful life together
back to the universe

now it's my turn to answer
i realize

that no
it's not you holding my hand as i die
it's a nurse named cathy
because you stopped at a bar
to listen to a bunch of college girls
tell you that they grew up
listening to your music

nuestro terapeuta nos pide
que cerremos los ojos
que nos imaginemos viejos
al final de nuestras vidas
pregunta
¿es este, tu ser amado, la persona
sujetándote la mano mientras mueres?
con entusiasmo dices que sí
sí soy yo quien te sujeta la mano
está atardeciendo y estoy ahí
sonriendo
llorando
mientras te dejo ir
después de nuestra larga y feliz vida juntos
de vuelta al universo

ahora es mi turno de responder
comprendo

que no
no eres tú quien sujeta mi mano mientras muero
es una enfermera llamada cathy
porque tú has parado en el bar
para escuchar a un grupo de universitarias
decirte que han crecido
escuchando tu música

they tell you that you're a legend
your eyes sparkle
as you live
through their giggles and lip gloss
and now i take my last breath
with fucking cathy
she will not smile
she will not weep
she will check the time
as her shift ends in eleven minutes

• **the ghost of christmas future**

te dicen que eres una leyenda
te brillan los ojos
mientras vives
a través de sus risitas y brillo de labios
y yo doy mi último aliento
con la maldita cathy
ella no sonreirá
ella no llorará
ella mirará la hora
porque su turno terminará en once minutos

• **el fantasma de las navidades futuras**

When you look at me
i know you see
the abandoned child
the missing mother
the alcoholic father
but if you look deeper
you will also see
the pain caused by your words
the bruises left by your hands
the love lost to your lies
and
the treasure
that turned to dust
in front of your eyes

• **mirror**

Cuando me miras
sé que ves
a la niña abandonada
a la madre ausente
al padre alcohólico
pero si miras más al fondo
también verás
el dolor causado por tus palabras
las marcas dejadas por tus manos
el amor perdido por tus mentiras
y
el tesoro
que se ha convertido en polvo
delante de tus ojos

• **espejo**

You thought that
if you stopped watering me
i would die
but you forgot to dig up my roots
and though you tried your best
you weren't able to
block me from the light
and while you neglected me
i trusted in the unseen
and now there is a sequoia
standing where that naive sapling used to be
i've outgrown you
and no matter how much you cry or beg
i will never be your giving tree

• **photosynthesis**

Piensas que
si paras de echarme agua
me moriré
pero te olvidas de ahondar mis raíces
y piensas que lo has hecho lo mejor que has podido
no has sido capaz de
bloquear la luz del sol
y mientras me abandonabas
he confiado en lo que no podía ver
y ahora hay una secuoya
en el lugar en el que había un brote
te he superado en tamaño
y no importa lo mucho que llores o supliques
no seré nunca tu árbol que de fruto

• **fotosíntesis**

go on a date
they say
go have fun
they say
you could have anyone
they say
it doesn't matter how many times
i tell them
that my soul has been seeking you
for as long as i can remember
that i had an image of you in my mind
when i was a child
that my heart sent out a sonar
for so many years
gray and lonely
my hope vanishing
my body aching
until i finally found you
again
and instantly i recognized you
soulmate
sacred love
tormentor
no, you don't make sense to them
how can love look like this they ask
i don't have an answer that satisfies them

Ve a una cita
dicen
haz algo divertido
dicen
podrías tener a cualquiera
dicen
no importa cuántas veces
les diga
que mi alma te ha estado anhelando
desde que tengo memoria
que he tenido una imagen tuya en mi mente
desde que era pequeña
que mi corazón ha lanzado un sonar
que durante tantos años ha estado
gris y solitario
mis esperanzas fueron desapareciendo
mi cuerpo empezó a doler
hasta que finalmente te encontré
de nuevo
y en un instante te reconocí
alma gemela
amor sagrado
torturador
no, ellos no te comprenden
cómo puede verse el amor así preguntan
no tengo una respuesta que les satisfaga

but i know that if this breaks
there is no other
there is only
the void
i know it's not the fairy tale they think
it should be
but you are the one
who has held my hand
from the beginning of time
this journey isn't a pretty one
and i can't make them understand
that the only way
i will really move on
from you
is when my
body turns to dust

• **labyrinth**

pero sé que si esto se rompe
no hay otro
solo hay uno
el vacío
sé que no es el cuento de hadas que ellos creen
debería serlo
pero tú eres el único
que ha sostenido mi mano
desde el principio de los tiempos
este viaje no es uno agradable
y no puedo hacerles entender
que la única manera
de la que de verdad podré seguir adelante
después de ti
es cuando mi
cuerpo vuelva a las cenizas

• **laberinto**

there is an ultrasound by your side of the
bed
10 weeks and 1 day

maybe if you hadn't . . .
maybe if i had . . .

do you think that if she could have
she would have left a suicide note?

• i

hay una ecografía a un lado de tu
cama
10 semanas y 1 día

tal vez si no hubieras hecho...
tal vez si yo hubiera hecho...

¿crees que si ella hubiera podido
habría dejado una nota de suicidio?

• i

heartbeat
in my womb
celestial threads
weaving you into me
rooted through me
through the center of
the earth
connecting me to my beginning
guiding me home
you are my atlas
embers of creation
blowing in a windstorm
made from clay
made from stardust
magical creature
i want to hold your hand
hear your laugh
my redeemer
breath of heaven
my light
but now
i have to say
goodbye
i close my eyes
and imagine
holding you tight against my chest

latidos
en mi vientre
hilos celestiales
tejiéndote en mí
enraizado a través de mí
a través del centro de
la tierra
conectándome a mí a mi principio
guiándome al hogar
eres mi atlas
brasas de la creación
soplando en una tormenta
hecha de barro
hecha de polvo de estrellas
mágica criatura
quiero sostener tu mano
escuchar tu risa
mi redentora
aliento del cielo
mi luz
pero ahora
tengo que decir
adiós
cierro los ojos
y me imagino
sosteniéndote fuerte contra mi pecho

as they rip you from my insides
blood
bone
tears
fever
nightmares
shadows crawling up my spine
lost in this desert
of demons
unforgiven
i will pay any price
tell me please
what is the ransom
for her soul?

• ii

mientras te arrancan de mis entrañas
sangre
hueso
lágrimas
fiebre
pesadillas
sombras que trepan por mi médula
perdida en este desierto
de demonios
imperdonable
pagaría cualquier precio
dime por favor
¿cuál es el rescate
de su alma?

• ii

ÍNDICE

Pretty boys are posionous
Los chicos guapos son tóxicos

Los chicos guapos son tóxicos
de Megan Fox,
compuesto con tipos Montserrat en créditos
y portadillas, y Cormorant Garamond
en el resto de las tripas,
bajo el cuidado de Daniel Vera,
se terminó de imprimir
el 9 de mayo de 2024.

LAUS DEO